PRINCIPES

DU

DROIT NATUREL

DISCOURS D'OUVERTURE

prononcé dans la séance publique de rentrée des Facultés de Bordeaux,

LE 16 NOVEMBRE 1860;

PAR M. LEFRANC,

professeur de philosophie, membre de l'Académie impériale des Sciences,
Belles-Lettres et Arts de Bordeaux.

BORDEAUX

G. GOUNOUILHOU, IMPRIMEUR DES FACULTÉS

Ancien hôtel de l'Archevêché (entrée rue Guiraude, 11).

1860

PRINCIPES

DU DROIT NATUREL

DISCOURS D'OUVERTURE

prononcé dans la séance publique de rentrée des Facultés de Bordeaux, le 16 novembre 1860.

MONSIEUR LE RECTEUR,
MESSIEURS,

Suivant l'usage introduit depuis peu, de faire entendre, à la rentrée des Facultés, le discours d'ouverture de l'un des Cours publics, M. le Recteur aurait pu vous faire assister à une leçon de Théologie, de Science ou de Littérature, qui, comme l'an dernier, eût soutenu l'intérêt de cette brillante assemblée; mais il n'a pas voulu s'enchaîner à l'ordre des titres et des mérites, et il a proposé à l'un des derniers venus parmi vous un devoir dont je n'aurais point accepté l'honneur, mais dont je ne devais pas décliner les périls. L'éclat de cet auditoire m'effraierait, si je ne savais que ses lumières se mesurent à son indulgence, et que son attention se proportionne au sujet bien plus qu'au discours. J'ai à parler des conditions premières de l'ordre public devant des magistrats, des principes de la conscience devant des organes de la religion, et devant de généreux esprits, de l'accord des règles de la justice avec la liberté morale, sans laquelle il n'y a ni vertu, ni travail, ni science, ni mérite, ni dignité parmi les hommes. Je n'ai donc, comme aurait dit Buffon, à leur offrir que leur propre bien. Mais comme ils sentent tout ce qu'il vaut, ils savent se contenter dans les autres d'un effort sincère pour le posséder.

Les règles de l'enseignement public veulent que cette seconde année de la période triennale de nos Cours, pour la philosophie, soit consacrée à la morale. Nous avons pris de cette vaste science les fondements du droit naturel. La première leçon doit naturellement définir le sujet, marquer le but et indiquer les principes. Nous n'avons donc point à chercher ailleurs la matière de cette leçon, qui s'offre d'elle-même à notre esprit comme au vôtre. C'est dans le sens des premiers principes de la conscience que tous nos développements doivent être entendus.

Qu'est-ce que le droit naturel? quelle est la science qui l'étudie? Par droit naturel, on entend un droit que l'homme possède par cela seul qu'il est homme. Fondé sur la raison de Dieu, empreinte dans tous les êtres raisonnables, il est antérieur à tout acte libre et s'impose à toutes les volontés. Règle immuable des créations divines et humaines, il est supérieur à tous les faits qui s'accomplissent dans le temps et dans l'espace, et ne relève d'aucun établissement positif et d'aucune organisation particulière.

Comment le droit naturel peut-il se délimiter?

Commençons par en écarter des droits voisins qui le supposent, mais qui s'en distinguent. Quand on traite des rapports des hommes en société, on est en présence de trois problèmes, qui diffèrent par leurs objets, leurs principes et leurs méthodes.

On peut d'abord prendre un peuple tel qu'il est, avec sa religion, sa langue, ses mœurs, sa civilisation, ses intérêts, dans les conditions historiques et géographiques où il est placé, et se proposer de lui donner des institutions publiques capables de faire de lui un grand peuple. Ce problème est celui de la politique proprement dite, qui ne peut le résoudre sans l'observation, à l'aide de laquelle elle constate les différences entre les peuples et l'autonomie propre à chacun d'eux.

Ces considérations particulières et pratiques en supposent d'autres plus générales, qui se rapportent aux éléments communs à tous les peuples, et qui déterminent les lois suivant lesquelles les

États se fondent, les pouvoirs politiques s'organisent, et la vie extérieure des sociétés se met en harmonie avec les temps, les climats, les croyances et les forces de toute nature dont elle est animée. Tel est l'objet de la philosophie de l'État, ou science des législations comparées, esquissée chez les anciens par Platon, Aristote, Cicéron, reprise chez les modernes par les publicistes des trois derniers siècles, et qui a reçu sa forme la plus imposante des travaux immortels de Montesquieu !

Ces deux problèmes n'appartiennent point à notre étude. Mais comme les principales causes qui ont retardé les progrès de la science du droit naturel sont dans la confusion de ces problèmes avec celui qui fait l'objet particulier de notre examen, nous devons commencer par reconnaître les caractères qui les séparent et les dépendances qui existent entre eux. Il en sera mieux établi que notre but est de mettre en lumière le droit primordial qui naît de la conscience et de la liberté morale.

L'homme d'État qui veut donner à un peuple l'organisation politique réclamée par les mœurs et la situation de ce peuple, doit regarder plus hant qu'aux accidents de la nationalité, et s'élever jusqu'aux lois des sociétés humaines, qu'il contemple, non dans une abstraction vide, mais dans un vivant modèle dont il s'efforce de reproduire les traits dans la constitution locale et temporaire à laquelle il travaille. C'est ainsi qu'au rapport de Cicéron, Phidias travaillait à ses statues, tenant son esprit fixé sur une image supérieure de la beauté qui conduisait son art et sa main.

Cette contemplation première oblige l'homme politique, non-seulement à s'affranchir des préoccupations exclusives des intérêts propres à un seul peuple, mais encore à s'élever au-dessus des questions, même générales, qui sont relatives à la forme et à la constitution des États. En d'autres termes, la politique particulière dépend de la politique comparée, qui elle-même tire ses principes d'une science plus haute. Le publiciste philosophe qui détermine les traits essentiels de l'État ne doit pas se laisser absorber par le spectacle, si imposant qu'il soit, de la vie extérieure des sociétés. L'expérience de l'antiquité tout entière est une démonstration de l'impuissance fatale des publicistes à constituer seuls un État qui sauvegarde la dignité humaine. Les murs de la cité n'enferment pas toute la nature humaine. L'homme n'est pas seulement citoyen, c'est-à-dire membre d'une société publiquement organisée et qui relève de la loi : il est une âme, une conscience, une volonté libre, que les prescriptions des législateurs ne peuvent dominer. C'est là, c'est dans les lois de la nature morale qu'est tracé ce pur modèle de la politique sur lequel l'homme d'État doit tenir ses yeux constamment fixés, non pour l'imposer, mais pour s'en inspirer sans cesse et lui demander son plus ferme appui.

Les États existent par les lois. Qui dit *loi*, dit *autorité obligatoire*. Un État ne peut commencer que quand il trouve un peuple qui sait ce que c'est qu'obligation. Quand le premier peuple a obéi à la première loi, d'où a-t-il pris l'idée qu'il fût obligé de s'y soumettre? Qui lui a donné la première leçon d'obéissance au devoir? A-t-il eu pour premier maître un homme d'État? Sa première école a-t-elle été la force ou l'intérêt? Mais le calcul n'enseigne pas le dévouement, et pourtant le devoir veut souvent qu'on se sacrifie. Le bon sens peut faire comprendre qu'il est prudent de ne pas résister à plus fort que soi; mais céder à la contrainte, n'est pas se sentir obligé. Quel droit a sur nous la montagne qui nous écrase? quel devoir a-t-elle à nous intimer? Or, quelle différence peut-on établir entre sa masse inerte et l'homme qui ne parle qu'avec le glaive? L'homme opprimé ne doit quelque chose qu'à lui-même : c'est, quand il le peut, de secouer le joug dont on veut l'accabler. Pour que les peuples sachent ce que c'est que le devoir, il faut qu'un maître intérieur leur enseigne l'obéissance raisonnable. Pour qu'il y ait des lois qui les obligent, il faut que leur propre nature les enchaîne; il faut, suivant le mot de saint Paul, que l'homme soit à lui-même sa loi. Quand les premiers politiques sont venus pour rassembler les hommes dans les cités, ils ont trouvé une vérité qui les avait devancés, en rassemblant les esprits dans un même concept. Avant qu'il y eût des langues pour exprimer les jugements de la raison, cette vérité écrivait dans la pensée le respect qui lui est dû, et les règles encore muettes de tous les discours. Quand bien même une main assez large pour couvrir toute la terre effacerait toutes les écritures et tiendrait toutes les lèvres closes, cette vérité, toujours présente aux esprits, serait entendue comme elle l'est aujourd'hui, et ses concepts impératifs garderaient la même autorité.

De même qu'il y a des lois des nombres et des grandeurs, il y a une loi des consciences. Ces lois, de part et d'autre, ont la même nécessité. Mais la loi des consciences diffère des lois mathématiques en un point important. Quand nous nions la géométrie, nous sommes insensés et l'on nous plaint sans nous mépriser. Mais si nous violons les distinctions du bien et du mal, nous sommes du même coup des extravagants et des pervers. Malheur à nous si nous sommes habiles contre la conscience! Le scandale que nous donnons alors aux âmes contristées devient notre accusateur. La conscience a des sanctions que la géométrie ne connaît point. Celle-ci n'inflige aux plus grossières erreurs que le châtiment du ridicule. Mais la conscience indignée se retourne contre ceux qui l'outragent, et elle les réclame, même au-delà de la tombe, comme les victimes dues à sa colère.

Rien n'égale l'autorité de la conscience, si ce n'est ses attraits. Jamais elle ne contraint; et pourtant elle domine si bien, qu'elle persuade ses ennemis mêmes. Au milieu de nos désordres, alors que nous nous regimbons contre son aiguillon, nous aimons encore ses clartés dans notre intelligence, nous nous plaisons à son idéale beauté dans les arts; nous lui donnons la meilleure part de notre cœur, quand elle nous apparaît sous la douce image du bien. Où est l'homme qui ait jamais placé son rêve de bonheur dans une vie passée avec les méchants? On peut être méchant soi-même; amis on ne voudrait pas savourer les fruits de son crime dans un élysée qui ne fût peuplé que de complices, dans lesquels le coupable ne verrait que des Ugolins tout prêts à le dévorer. Le plus dépravé lui-même, par une contradiction qui honore la nature humaine, a besoin de se supposer un autre homme pour pouvoir être heureux. Quand il se forge un ciel pour le repos de ses désirs inquiets, son cœur, à son insu, en écarte sa mauvaise conscience, vaincu par un soupir secret, qui trahit en lui les restes de quelque noble empreinte que la perversité n'efface jamais.

D'où vient ce vœu qui est au fond de toutes les âmes, qu'aucune voix ne fait taire, qui nous condamne à nous renier nous-mêmes plutôt que de souffrir un démenti, et qui appelle le triomphe du bien par des cris si pénétrants? Le bien, qui devance tous nos désirs, qui se montre sous toutes les formes de notre entendement, et vers lequel toutes nos pensées suivent leur pente comme les eaux vers la mer, qui lui a ouvert toutes les voies de notre âme? qui lui a livré toutes nos entrées et toutes nos issues? qui lui a donné le pouvoir redoutable de remuer nos fibres les plus secrètes dans la douleur et dans la joie, dans la terreur et dans l'espérance, et de nous agiter dans toutes nos profondeurs? Ce bien suprême, cet idéal de bonté pure, n'est-ce qu'un mirage qui nous attire, un rêve qui trompe notre sommeil, une illusion prête à se dissiper après avoir égaré notre triste vie? Serait-il vrai qu'une image de ce qui n'est point, un fantôme sans consistance, eussent le pouvoir de jeter tous les hommes dans de tels transports, que tous, depuis le commencement du monde, se soient mis à courir, le cœur haletant, vers une ombre vaine, un vide, un néant, comme vers la seule réalité capable d'apaiser toutes leurs ardeurs? Étrange hallucination que celle de l'humanité! Ce qu'il y a de plus beau, de plus grand dans nos pensées, l'honnête, le bien par excellence, la perfection même, ne seraient que le déréglement de l'imagination qui s'exalte et le délire de notre âme malade. Les hommes s'imposeraient les plus pénibles sacrifices, ils feraient taire leurs intérêts et leurs passions, et tout cela pour violer les lois de la saine raison, qui ne connaît que le corps et qui ne prescrit que le soin de le conserver. Je vois dans tous les temps et dans tous les pays les hommes reconnus supérieurs à leurs semblables se porter avec plus d'ardeur que les autres hommes au devant du beau, du bon et de l'honnête : les deux plus grandes puissances de l'humanité, le génie et la vertu, en seraient-elles donc les plus grandes extravagances?

Où puisé-je l'idée du bien, si ce n'est dans le bien même? Il faut que le bien suprême, le juste, existe, puisque je le pense, puisque tous les hommes le pensent comme moi, et que rien de ce qui est autour de nous n'eût pu nous donner l'idée d'une chose qui ne ressemble à aucune autre. La force de la nature l'impose seule à notre cœur. La nature n'a pas donné d'autres bases à notre certitude que ses croyances constantes et universelles : elle les impose toutes avec la même nécessité et ne souffre pas qu'on les divise. Ou toutes ces croyances invincibles sont véritables, ou toutes peuvent être fallacieuses. Pourquoi distinguerais-je entre leur véracité dans l'ordre moral et leur véracité dans l'ordre physique ou rationnel? Pourquoi en croirais-je mes mains et mes yeux, qui m'attestent que mon corps existe, et pourquoi dirais-je à mon cœur qu'il en a menti, quand ses soupirs affirment le bien? Pourquoi ma raison serait-elle si sûre de sa lumière dans la géométrie quand elle démontre des abstractions inanimées, et pourquoi se déjugerait-elle de son évidence, alors que, dans l'ardeur de ses plus vives clartés, elle a prononcé sans condition et sans appel que le juste a raison contre la force et que le droit n'appartient qu'à lui, fût-il seul contre tous et dût la force qui l'accable élever son triomphe jusqu'aux cieux?

Cette justice éternelle, immuable, universelle, infinie, est la suprême réalité. Rien n'existe que par elle, et seule elle est par sa propre essence. C'est sa vertu qui a construit l'univers, comme c'est elle qui a fait notre âme et qui a ordonné toutes choses en nous par rapport à ses lois générales. Elle a mis dans le cœur de tous les hommes une ferme foi dans sa véracité, et c'est du sein de cette certitude inébranlable que s'élancent dans tous les temps et dans tous les siècles les espérances de tous les gens de bien. Une voix intérieure dit à tous que l'humanité est le plus cher de ses ouvrages, et que les sociétés reposent sur les bases que ses mains divines ont jetées dans la vérité et la vertu. Ses prescriptions et ses défenses sont les remparts des États, contre lesquels nul ennemi ne saurait prévaloir. Elle tient les clefs de toutes les consciences et donne l'investiture de tous les royaumes. Quand elle ferme, nulle porte ne s'ouvre; quand elle ouvre, nul n'empêche d'entrer. En commandant aux peuples le respect de l'ordre public, elle pose des bornes devant les souverains, couvrant les faibles de ses droits, assurant aux opprimés ses sanctions réparatrices, dénonçant aux injustes la courte durée de leur règne, et portant pour un avenir sans bornes la condamnation de tous les transgresseurs.

Le principe du droit naturel, c'est la justice. Entendu dans sa plus large acception, le droit comprend toute perfection dont nous sommes capables; mais appliqué aux rapports sociaux, il reçoit des acceptions diverses que nous avons à distinguer pour pouvoir marquer les limites exactes de notre cours. La loi morale, en proposant le bien comme but à notre activité, nous montre plusieurs degrés de perfection qui ne sont point également impératifs. La loi qui obtient le plus n'est pas celle qui exige davantage : la charité ne commande rien rigoureusement, et ses appels, au seul nom de l'amour et de la grâce, sont les mieux entendus de notre cœur. La charité est l'excellence du devoir, supérieure au droit, qui la suppose et qui s'en distingue. A côté de cette fille bien-aimée de Dieu, qui donne en souriant sans qu'on lui demande, se tient la justice, sa sœur, à l'austère visage, à la parole brève et au commandement impératif. Parmi les prescriptions de celle-ci, il faut distinguer ce qu'elle exige de nous et ce que les hommes peuvent exiger les uns des autres. Nous sommes tous responsables de nos actions devant Dieu et devant les hommes; mais autre chose est le compte que nous en devons à Dieu, et autre chose est celui que nous avons à rendre aux hommes. Devant Dieu, toute perfection relative à nos forces et à notre situation est obligatoire pour nous en un certain sens; mais les hommes n'ont le droit d'exiger de nous que le respect de leur liberté. De là, une distinction fondamentale entre le devoir, que quelquefois aussi on appelle le droit, en prenant ce dernier mot dans toute son étendue, et le droit strict, le droit proprement dit, que chaque homme est admis à invoquer contre tous ses semblables.

La société suppose toutes les parties du devoir; elle ne vit même que des plus sublimes mérites de la vertu. Si le dévouement et la charité venaient à s'éteindre, ce serait fait d'elle; mais toutes les perfections dont elle a besoin ne sauraient être de sa part l'objet d'un commandement formel; l'excellence même de quelques-uns des mérites renfermés dans la loi morale exclut toute exigence à les réclamer. Une grande liberté d'action doit être laissée à chacun pour faire son œuvre. Dans le cercle infini de l'activité sociale, tous se meuvent à l'aise; tous, faibles et forts, grands et petits, riches et pauvres, déploient leurs talents et leurs bras comme bon leur semble, n'ayant d'autres limites que les égards dus au travail d'autrui. De même que tous travaillent librement, tous disposent comme il leur plaît des fruits qu'ils ont recueillis. La loi, gardienne de l'ordre public, pose bien des bornes extrêmes au nom de la décence; mais un grand espace reste ouvert à ces mille activités, qui ont à répondre devant Dieu de tout ce qu'elles font, sans que les hommes aient le droit d'interroger tous les abus ou du moins de les interdire. Que de spectacles alors viennent attrister la société! Ce n'est pas une médiocre science que de savoir y assister avec le respect de sa conscience et les égards dus à la liberté d'autrui. Il faut instruire ses yeux à voir les scandales et son cœur à fuir la contagion; il faut apprendre à estimer les bonnes choses, en dépit du mauvais usage qu'on en peut faire. Ce devoir est bien facile à remplir dans une cité peuplée de riches généreux. Il y a dans la société tout entière, et surtout dans notre France, des exemples innombrables d'opulence charitable et pleine de dévouement; mais cependant, il faut s'attendre aux hasards de la fortune et à ses caprices. On verra quelquefois des hommes portés par ses faveurs téméraires mettre des abîmes entre leur opulence et la condition du plus grand nombre, et monter à des sommets où le vertige leur fait oublier que les pauvres sont leurs frères. Les raffinements de leurs plaisirs iront aux dernières limites de l'égoïsme et de l'extravagance, dévorant le travail de milliers d'hommes, entraînant l'industrie dans des voies malsaines, et portant leur élégance homicide jusqu'à la limite où la loi s'apprête à frapper. On verra, par exemple, l'opulence blasée de certains domaines de l'Angleterre et de l'Irlande, au milieu d'un peuple affamé, couvrir de bruyères les guérets des laboureurs pour les hauts goûts de sa chasse, mettre du marbre sous les pieds de ses chevaux, sans qu'elle ait à s'enquérir de la paille où languit le corps malade du pauvre, logé sous les gouttières de ses palais. L'humanité se révolte, la conscience fait entendre sa voix indignée, l'Évangile invoque ses sanctions tonnantes, la misère plaintive montre ses plaies à la charité : le devoir et l'honneur de la nature humaine le veulent ainsi. Mais ces cris de l'âme sont les seules réclamations qui soient légitimes. Aller plus loin, ce serait aller contre le droit. Nous n'avons qu'à nous taire quand le faste passe ; il ne nous doit pas compte de ses insolences, et il n'y a point de tribunal parmi les hommes devant lequel on puisse citer les entrailles que les souffrances de l'humanité n'ont pu émouvoir.

Il faut donc que la liberté soit une grande chose, puisque c'est par amour pour elle que Dieu permet tous ces abus, et que les hommes assistent, les bras désarmés, aux scandales de la mauvaise richesse. La vertu doit tout son prix au libre choix de la volonté. Ce n'est pas la payer trop cher que l'acheter par le pouvoir qu'elle suppose d'abuser d'elle-même. La liberté est l'apprentissage de la vie ; par elle, nous faisons l'expérience de nos facultés et nous entrons en possession de nous-mêmes. Rien ne peut compenser un tel bienfait. Celui qui pousse l'indignation contre la licence jusqu'aux plaintes contre la liberté même, s'élève contre Dieu, qui a voulu que la liberté fût le régime de la vie présente, et que chacun possédât son âme dans la patience, au milieu des épreuves dont il est environné.

On se trompe quand on pense que la vie morale est une vie facile ; elle est une lutte permanente contre deux forces : lutte contre la nature par le travail qui nourrit notre corps ; lutte contre nous-mêmes par la vertu qui nous réprime. Il n'est point de tentation plus contraire aux desseins de Dieu sur nous dans la vie présente, que celle qui menace de nous soustraire à cette noble et rude milice. Le pire des séducteurs est l'homme qui nous propose d'abdiquer notre âme. Autant nous devons de reconnaissance aux conseils de l'expérience et de la sagesse d'autrui, autant nous devons opposer de fermeté aux prétentions qui nous destituent du droit de penser par nous-mêmes. Si par un fatal miracle de la matière, demain l'oisiveté était offerte à tous les hommes avec le plaisir, demain toute la terre serait plongée dans la corruption et la bassesse. C'est le rêve insensé du matérialisme, de placer le but de la vie dans le bien-être et non dans le mérite; c'est sa prétention coupable d'arracher l'homme aux soucis des intérêts moraux, et de l'alléger pour les voluptés en le débarrassant du poids de son âme immortelle. Travailler et penser, c'est notre condition, notre droit et notre grandeur. Dieu, à qui rien ne coûte, pouvait nous créer dans la gloire; mais il nous a mieux aimés dans le sacrifice, sachant que rien n'est au-dessus du pouvoir de nous rendre dignes du sort qu'il nous a destiné.

Une nouvelle face du droit se montre à nous. La liberté en est l'usage, comme la justice en est la règle. Ou mieux encore, la liberté contient le droit tout entier, qu'elle nous fait envisager sous un point de vue plus important. Rien de plus faux que l'opinion vulgaire qui confond avec l'idée de liberté celle de hasard et de caprice. La liberté est un lien nécessaire et renferme en soi le principe d'une obligation absolue. La volonté ne peut pas accepter son indépendance sans prendre un engagement vis-à-vis d'elle-même. Elle peut tout, excepté se détruire. Nous pouvons nous résoudre comme il nous plaît; mais nous ne pouvons pas ne point nous imputer à nous-mêmes ce que nous avons résolu. La responsabilité de nos actes volontaires est l'affirmation que notre liberté persiste et qu'elle est réellement affranchie de toute dépendance étrangère. Nos résolutions nous appartiennent; mais la loi qui nous les impute n'est pas à nous; elle est la même dans tous les êtres libres; elle les surpasse et les domine tous également. Nul n'a fait la liberté et la responsabilité, qui est la nature de la liberté elle-même. Ce qu'il y a de plus personnel en nous, à ne considérer que les actes, est ce qu'il y a de plus impersonnel, à ne prendre que la loi qui les régit. Accepter la liberté en nous, c'est l'accepter dans tous les esprits. La liberté, qui semblait d'abord une activité dispersée à l'infini, se montre bientôt comme l'unité de la nature spirituelle et comme le nœud le plus fort qui rassemble toutes les volontés dans l'obligation de ne point faire à autrui ce que nous ne voudrions point qu'on nous fit à nous-mêmes. Quand nous délibérons sur nos motifs, nous sommes entre les mains de notre conseil, et nous ne dépendons que de nous-mêmes ; mais à peine avons-nous pris un parti, que nous tombons sous la règle que la liberté porte en soi. Autant la responsabilité nous élève, autant elle nous épouvante. Elle nous tient suspendu sur un avenir sans borne, entre la ruine et le salut ; elle nous fait sentir les exigences de l'infini. Si nous n'avons que des plaisirs à lui donner, en un moment tout est dévoré : il nous reste une âme inassouvie, dans le vide de toutes choses, sous le poids d'une destinée qui nous accable.

La liberté morale assigne à l'homme sa vraie place dans l'univers : par elle, il monte au premier plan de la création. Ce qu'il y a de plus grand dans le monde, c'est l'homme ; et ce qu'il y a de plus grand dans l'homme, c'est la liberté. Aussi, voyez comme le Créateur, en construisant l'univers, a préparé ce grand ouvrage de la volonté, où il semble avoir dit son dernier mot. Au plus bas degré de la vie, il a mis les animaux, qui dépendent tout entiers des agents extérieurs auxquels ils doivent toutes les impressions dont ils sont capables. La vie ne peut pas rester toujours enchaînée aux impulsions fatales de la matière : il faut qu'elle se dégage, qu'elle trouve en soi une force où elle puisse s'appuyer, et d'où son action s'étende autour d'elle ; il faut qu'elle règne. La nature, alors, fait un pas hardi pour sortir des apparitions des sens et entrer dans le secret des lois et des causes qui président aux phénomènes. Une fois en possession des règles suivant lesquelles les choses sont faites, le principe de la vie fait varier à son gré les phénomènes, et prend en main le gouvernement de l'univers. La raison dans l'homme est le résultat de la démarche que la nature a faite pour s'élever aux principes universels de la vérité, et de là dominer dans toute l'étendue des faits qui tombent sous les sens. Mais l'élan que la création a pris dans les concepts de l'entendement humain est trop grand pour qu'il s'arrête à la matière. Quel mérite peut-il y avoir à commander à une esclave qui ne sait pas même qu'elle est esclave ? Donc, l'homme franchit l'espace de la création et va jusqu'à Dieu, seul être qui soit par lui-même tout ce qu'il peut être. Là est la plénitude de la vie. C'est là que l'homme trouve le modèle sur lequel il se sent fait. Il est capable de se résoudre et de vouloir. Comme le Créateur, il est cause de lui-même, et, regardant autour de lui, il ne voit aucun autre agent qui égale le pouvoir de s'appartenir à soi-même. Qu'est-ce que l'étendue des cieux au prix d'un être qui se gouverne? Maître de tous ces espaces, l'homme serait encore misérable; hors de la pensée, il n'y a qu'indigence. C'est sur une âme qu'il veut régner; il se tourne vers lui-même, comme vers la seule conquête digne de lui. Son cœur, alors, se découvre à lui avec ses passions et ses ardeurs. Sentant croître son courage avec un si grand objet, il s'élance sur cette orageuse immensité, et le voilà, j'allais dire avec un orateur de nos jours, le voilà qui se promène en vainqueur sur la surface agitée de ses tempêtes; mais l'humble vérité veut que je dise qu'il s'avance prudemment au milieu des écueils, le regard fixé sur Dieu qui conduit la liberté.

Dieu est la règle de tous les êtres libres; il est la force du droit; il en est aussi la douceur. Le droit n'est fort que par le pouvoir qui le modère. Si les hommes allaient se presser sur la dernière limite de leurs prétentions réciproques, ils auraient toujours les armes à la main. Dieu est le principe conciliateur qui tempère les exigences et maintient partout la paix; il nous apprend la modestie dans l'exercice de nos droits personnels, et la libéralité dans l'acceptation des droits d'autrui. Il y a deux règles bien distinctes dans la pratique du droit rigoureux. Quand nous faisons valoir nos avantages, la première règle veut que nous réduisions le droit à son minimum; quand nous sommes en présence de la liberté d'autrui, la seconde règle ne souffre pas qu'on la marchande. Ce n'est pas le droit rigoureux qui pose lui-même ces règles. Le caractère propre de ce droit est l'exactitude et la précision; il trace des limites inflexibles; mais par cela même que ses prescriptions sont rigoureuses, il suppose un autre sentiment moins rigide et plus conciliant; il suppose le sentiment religieux de la charité. Dieu est l'unité des deux règles nécessaires à l'exercice des droits réciproques, qui ne permettent pas au droit rigoureux de s'abstraire complétement de la charité! Dans la délimitation du mien et du tien, il incline les co-partageants à des concessions réciproques; il met la bienveillance comme borne des champs; les laboureurs sans envie tracent en-deçà et au-delà leur sillon d'une main facile, et ils ne craignent point de se rencontrer sur une limite avare.

Dieu met au fond du droit un esprit de fraternité qui nous rend avec usure ce que nous avons sacrifié par amour pour la paix. Par de larges compensations, il unit fortement la justice rigoureuse à la charité. Il nous donne le secret de jouir de tous les biens que sa main libérale a répandus dans l'univers. Il nous apprend à les aimer, et quand on les aime on les possède. Il nous inspire un vif intérêt pour tout ce qui se fait parmi les hommes. Tout ce qui leur arrive d'heureux ou de malheureux nous devient en quelque sorte personnel par la part que nous y savons prendre. Si leurs misères ont en nous de douloureux échos, leurs joies en ont aussi qui sont pleins de charmes. La vue des dons que Dieu leur a faits nous est un délicieux spectacle. Il nous semble, et ce n'est point une illusion, que Dieu se donne à nous dans tous leurs mérites. Leurs talents sont sa lumière qui éclaire nos yeux, et leurs vertus la bonne odeur qui nous attire dans ses sentiers. Partout où est leur âme est aussi la nôtre, et Dieu est au milieu de nous comme le souffle qui nous anime et l'amour du bien qui nous est commun. Dans la joie de cette contemplation toujours présente, ne nous tourmentons pas outre mesure, si nos sentiments ne sont pas toujours partagés. Sans doute l'affection des hommes est une douce chose et leur estime est d'un grand prix; mais il est une source encore plus haute où doit puiser notre âme. Sachons assister au spectacle de la société humaine avec un cœur plus heureux de ce que Dieu y fait de grand et de bon, que contristé du mal qui s'y mêle. Rendons à tous les mérites le bon témoignage qui leur est dû; reconnaissants, si de leur part le même témoignage nous arrive; attristés sans doute, mais non point chagrins, si ce témoignage se fait attendre. Les fleurs des champs qui charment nos yeux ne sentent pas, non plus, le plaisir que nous fait leur présence. Si elles le sentaient, elles seraient plus belles encore, car elles seraient bonnes, et elles nous réjouiraient bien davantage, étant pour nous des amies. Cependant, quoiqu'elles ignorent le bien qu'elles nous font, nous ne laissons pas que d'être heureux de leur parure, et nous gémissons quand nous les voyons tomber sous la faux du laboureur.

Le droit rigoureux par lui-même ne suffirait pas à fonder la société. Le mobile principal par lequel les hommes s'unissent n'est pas, comme on le croit vulgairement, la réciprocité des besoins matériels. La société est une trop grande chose pour qu'elle soit l'effet de notre indigence. Après avoir reçu de nos semblables les premiers soins qui nous permettent de vivre, nous ne leur sommes encore unis que par les liens qui sont communs à tous les animaux. Mais quand nous allons au-devant d'eux avec les nobles fruits de la nature morale, et que nous apportons dans leur commerce les seuls produits qui s'échangent entre les esprits : la vérité et la vertu, alors seulement nous sommes sociables. C'est par l'initiative des cœurs et des caractères que la société se forme et qu'elle subsiste. Aristote a noblement parlé de la nature humaine quand il a dit que le beau rôle est toujours pour celui qui aime. Car c'est celui qui se donne lui-même qui est le meilleur et le plus fort. Le cœur qui se plaindrait de ses avances ne serait pas digne de les avoir faites. Ne disons pas que le dévouement soit une méprise de la conscience, et n'appelons pas déception l'acte par lequel nous nous sommes donnés. N'est-ce pas cet acte qui nous élève jusqu'à Dieu, dont l'essence parfaite consiste à prendre toujours l'initiative et à faire le bien sans condition. Le cœur dévoué ne manque jamais son but; il jouit des biens dans la mesure de l'estime qu'il en sait faire. L'amour nous ouvre tous les trésors de la Providence, où il puise à pleines mains, tout autant qu'il a d'ardeur. C'est le châtiment le plus fatal de l'égoïsme que de se priver volontairement soi-même des dispensations infinies de la bonté de Dieu, qui sont offertes à tous les hommes, auxquels il ne manque qu'une âme capable d'en sentir le prix. C'est à nous-mêmes à nous donner cette âme ouverte à toutes les libéralités divines, et qui partout où une noble vérité se montre, partout où un sentiment élevé, un rayon de beauté pure brille parmi les hommes, accourt à la rencontre en disant : Ceci est à moi.

Nous venons de reconnaître les fondements du droit dans le devoir et la liberté. Disons, avant de finir, quelle est la science qui étudie ces deux grands objets.

Le monde n'a jamais manqué d'hommes qui croient à la stérilité des spéculations philosophiques Ces hommes voient les formules, mais non l'esprit qui les a créées. Pour eux, qui dit énoncé abstrait, dit forme vaine et inanimée. Ils ne savent pas que dans les abstractions sont les idées générales, c'est-à-dire les forces vives de l'esprit humain. Les hauteurs métaphysiques de la pensée ne sont jamais orageuses ou sereines, sans que l'ordre ou l'agitation des esprits n'en soient les effets. Mais ceux qui ne reconnaissent pas la force des principes généraux, ne peuvent pas non plus démêler le bien ou le mal qui en résulte pour la société. De là, deux jugements contradictoires portés sur la philosophie, et quelquefois par les mêmes personnes. Ceux qui accusaient cette science de s'égarer dans des théories vagues et sans objet, c'est-à-dire qui lui reprochaient d'être impuissante, se ravisent quand ils voient les désordres qui troublent les âmes, et ils les imputent à la philosophie, comme si les règles de la raison que cette science rappelle pouvaient autoriser la licence, et comme si la conscience qui les venge pouvait être le rebelle qui les outrage! La loi de la liberté morale, qui gouverne la vie, impose à tous les hommes le devoir d'éclairer leurs voies et de se former des convictions. Est-il une garantie plus sûre de l'ordre public qu'un jugement sévère porté sur les distinctions du bien et du mal, sur l'unité et l'immutabilité du principe des devoirs et sur les sanctions éternelles de la justice?

Enfants d'un siècle plus particulièrement livré à l'examen de toutes les doctrines, n'est-il pas absolument nécessaire que la raison se fasse librement entendre, et que, devant des esprits qui discuteront, quoi qu'on fasse, elle pose des bornes prises dans la nature même de la liberté? Partout où la volonté d'un homme se montre, si elle est à nu et si la raison ne vient la couvrir, la volonté d'un autre homme peut se montrer avec le même droit. Aussi longtemps que les individus resteront renfermés dans des considérations personnelles, ils ne pourront mettre que des prétentions entre eux. Si ces prétentions sont contradictoires, qui jugera? Beaucoup se présenteront comme arbitres. Mais de quel droit? Il faut s'attendre à être discuté. D'autres, encore, interviendront dans les débats pour imposer une solution. Mais cette attitude vis-à-vis de la pensée est celle de la violence. Nul ici ne tranche le nœud gordien, pas même Alexandre. L'épée du héros a vaincu les Perses; mais elle n'a point vaincu les esprits. Assis sur le trône du grand roi, il n'a rien pu sur le cœur de Callisthènes, qui est mort plutôt que de l'adorer. Son règne, si grand quand on regarde aux idées dont il ouvrit les chemins, ne fut qu'éphémère pour sa personne. Les siens n'ont recueilli de son héritage que des funérailles, et les armes entrechoquées de ses soldats n'ont laissé qu'un amas indéfinissable de sang, dont la confusion, sous le nom de Macédoine, a passé jusque dans les mépris de notre langue.

Il y a un autre parti à prendre contre la philosophie, lequel fait disparaître toutes les difficultés d'un seul coup, en supprimant la discussion. Mais si l'objet dont on discute a ses racines au fond de la pensée, en supprimant la discussion supprimerez-vous aussi l'esprit qui pense? suspendrez-vous les lois éternelles de la raison? Où est le Josué qui dira à la pensée de l'homme : Retourne en arrière! quand Dieu commande à la source de couler de son sein au milieu des hommes, et quand il a déclaré que les eaux qu'il envoie pour féconder la terre ne remonteront pas vers lui avant d'avoir accompli son œuvre et fait germer toutes les semences vivantes?

Il n'y a pas lieu de s'arrêter, même un moment, à une dernière opinion, que l'on ne peut définir sans la condamner. Ne pouvant détruire la pensée, il s'agirait de la corrompre. Pour la détourner des grands objets de la vie morale, on étalerait devant elle le spectacle des prospérités sensibles, et on la plongerait dans la matière pour l'étouffer. « Buvons et mangeons; car c'est là tout l'homme. » Quelle glorieuse perspective pour l'homme que d'être le mieux repu de tous les animaux! Quelle société digne d'envie que celle où toutes les voix de la cupidité se feraient librement entendre, et où tous les nobles instincts de l'âme auraient seuls à se taire! Quel ordre et quel spectacle fait pour charmer les yeux que la sépulture de toutes les consciences! Voilà pourtant l'idéal que le matérialisme nous fait entrevoir. Il ne sait point qu'il ne peut pas même donner ce qu'il promet. Quand les âmes manquent de pain, les corps aussi ne tardent pas à sentir la disette. Il y a solidarité entre les intérêts de l'homme; et c'est des plus hautes facultés que tous les dons descendent. Ceux qui n'ont offert aux peuples que le *panem et circenses*, le pain et les jeux, ont bientôt fini par ne leur donner que la misère avec la bassesse. On peut dire de tous ces architectes qui travaillent à faire du tombeau de la pensée une immense salle des festins, ce que Bossuet a dit des Pharaon construisant les pyramides pour y dormir leur sommeil : « Ils n'ont pas même joui de leurs sépulcres. »

Revenons à la raison et à la conscience, puisqu'aussi bien on ne peut les supprimer, et qu'il serait infâme de songer à les avilir. La société, sous le régime de l'épreuve, reçoit tous les courants de la liberté; elle est comme le confluent du vice et de la vertu, de l'erreur et de la vérité. La raison est le filtre salutaire qui sépare l'impur limon des eaux fécondantes. Elle pose les principes de la critique au nom de l'évidence, et proclame une autorité que nul n'a faite et que nul ne peut récuser sans se couvrir de honte aux yeux de tous les hommes. La philosophie n'a pas d'autre prétention que de convier tous les hommes à se recueillir dans leur pensée, et à venir reconnaître les lois que leur nature leur prescrit. C'est sur l'universalité de ces règles qu'elle a posé les fondements du droit, librement acceptés de tous, capables de résister aux révoltes des mauvaises convoitises, à la turbulence des démocraties, à l'ambition du despotisme, à l'inertie non moins dangereuse de la corruption et de la bassesse.

La science du droit naturel appartient à la philosophie. Cette science est plus particulièrement la conquête des derniers siècles. L'antiquité l'avait ébauchée. Le christianisme a créé des mœurs d'accord avec ses maximes. La force et la pureté de ces maximes sont devenues les principaux appuis des lois politiques et des principes philosophiques. L'esprit moderne a dégagé les éléments d'une connaissance rationnelle du droit et les a séparés des traditions confuses dont les peuples barbares les avaient enveloppés : il les a généralisés, coordonnés et produits dans tout leur jour.

On pourrait s'étonner qu'il ait fallu tant de siècles pour élaborer une science dont l'objet paraît si simple, et dont les données sont dans tous les hommes. Mais la simplicité des idées n'en est pas la facilité. Les idées simples sont universelles ; les hommes les portent longtemps dans leur esprit sans remarquer qu'elles sont universelles. Ils se contentent de les appliquer à des cas particuliers dont ils ne savent point les séparer. Ces cas particuliers se confondent avec les idées, et ils en dissimulent la nature intellectuelle, identique dans tous les esprits, et fondement immuable de la vérité du droit. Cela nous explique tout le temps qu'il a fallu, pour reconnaître simultanément les bases morales de l'État et l'indépendance de la raison et de la conscience ; pour fonder le droit de propriété sur le principe du travail, seul capable de braver les sophismes des écoles contemporaines de socialisme, hostiles à la liberté morale et à la responsabilité personnelle.

Les plus éclairés d'entre les Grecs, Platon et Aristote, n'ont pas suffi à la grandeur de ces problèmes. Ils ont émis quelques idées saines sur le droit ; mais ils n'ont été ni assez étendus, ni assez précis. Tandis qu'ils laissaient en dehors des lois de la morale sociale quelques-uns des droits essentiels du travail, les esclaves et les races étrangères, ils enveloppaient dans les principes et dans la méthode d'une seule et même science les droits naturels, les lois de l'État et la politique. Cicéron, après eux, le seul publiciste de sa nation qui se soit élevé à la hauteur d'une théorie, n'a pas plutôt donné au droit pour fondement la raison universelle, qu'il oublie ses principes dans l'application, et va se perdre dans les prescriptions confuses de la loi des douze tables. L'antiquité a vécu sur des principes exclusifs. La Grèce n'a guère connu que la liberté politique et l'égalité civique. Elle n'a pu s'élever à l'égalité des hommes et des peuples, du moins dans ses spéculations sur l'État. Rome a passé du règne exclusif de la liberté au règne non moins exclusif de l'égalité, et c'est du sein de l'extrême démocratie qu'est sortie l'ère des Césars, fatale à la liberté et à la vertu.

Pendant que cette seconde moitié de la vérité politique étouffait la première, le stoïcisme, seul survivant de la sagesse antique dans les lois, s'enveloppait du manteau de la patience pour voir passer sans se troubler, sinon sans s'émouvoir, les sévérités de la justice de Dieu. Sauvant ce qu'il pouvait de l'héritage de la Grèce, il a pris son dernier domicile dans le cœur des Papinien, des Ulpien, des Paul, des Gaïus et des Modestin, pour tracer le code de la raison écrite, et donner, dans la vaste cité romaine, une image bien affaiblie sans doute, mais pourtant consolante encore, de la grande cité des âmes, toutes libres, toutes égales entre elles dans la vérité et la justice, et qu'il avait vue descendre des splendeurs éternelles de Dieu. Avant qu'un gibet fût planté sur une montagne de Jérusalem, le monde n'avait vu rien de plus grand que le stoïcisme : témoignage vivant que la loi morale ne périt jamais, éternel honneur du caractère de l'homme, qui voit tout s'affaisser autour de lui sans se manquer à lui-même, et qui, quand il ne peut rien contre la fatalité des passions populaires, en appelle au tribunal du souverain juge, seul debout sur les ruines de l'univers.

Enfin, le christianisme est venu prendre en mains les rênes de l'humanité. Le Christ affranchit les âmes et non point les corps. Il a formé des citoyens pour le ciel, laissant les citoyens de la terre se disputer leur empire, comme un trésor de nul prix. Du haut des remparts de sa patrie, le christianisme a vu avec indifférence s'écrouler l'édifice que les Césars avaient bâti dans le sang des martyrs et les larmes des peuples, et qui n'abritait que la misère, le despotisme et la corruption. Mais au milieu de ces ruines il avait déposé des germes de vie : il avait renouvelé la société, sans y apporter d'autre révolution que la vertu. Instruit dans les lois du cœur humain, il avait compris que, pour relever le monde, il fallait relever la femme, et que, pour être maître de l'avenir, il fallait s'emparer de celle qui porte les espérances de l'humanité dans son sein. Il avait lu dans ses entrailles, qu'on ne peut la gagner que par le sacrifice. Donc il va au-devant d'elle avec les honneurs de sa maternité, il lui donne l'investiture des premiers droits sur l'enfance par l'abnégation : et il institue pour elle, dans l'oratoire de la famille un sacerdoce permanent, d'où se répand sur le monde la bonne odeur des vertus chrétiennes.

Ne nous étonnons point, d'après cela, que les pères et les docteurs se soient peu adressés aux législateurs pour modifier les droits civils. Ils ont donné une patrie à l'âme de l'esclave; mais ils ont laissé son corps dans les fers. Peu occupés des droits des propriétaires, ils n'ont pas vu la distinction qui existe entre le droit du travailleur sur le produit de son travail et la prétention du maître sur son esclave. Saint Augustin, suivi par saint Thomas et par Bossuet, assigne une même origine à l'une et à l'autre : cette origine est le péché originel, dont le Christ a effacé la souillure, mais non détruit les effets politiques et civils. Ces grands esprits, attirés par d'autres objets, ne se sont pas arrêtés à l'énorme différence qui sépare les droits usurpés, dont le caractère propre est de corrompre également et l'oppresseur et l'opprimé, et les droits véritables, que l'on reconnaît à ce signe certain, qu'ils élèvent dans l'estime générale et à leurs propres yeux tous ceux qui les exercent. Le principe du travail et de la propriété qui en découle est une des plus grandes forces moralisantes de nos sociétés modernes; tandis que l'esclavage a toujours été et ne peut pas être autre chose que la plaie mortelle des États qui n'ont pu se laver de cette infamie.

Le christianisme a agi sur le régime social par les mœurs et non par les lois. S'il a laissé en dehors de ses prescriptions les droits de la vie présente, c'est qu'il avait à faire une autre œuvre plus grande et plus auguste : il devait appeler le monde à l'adoration d'un Dieu unique, et faire entrer tous les peuples dans cette cité sainte dont la première vision avait réjoui les sages de l'antiquité. Le genre humain jusqu'alors, un peuple excepté, n'avait entrevu Dieu qu'à travers les voiles de la nature, comme dans une énigme et dans les reflets obscurcis de l'imagination conduite par les sens. Aussi longtemps que leurs yeux se tournaient vers leurs étoiles, leurs fleuves, leurs montagnes et leurs forêts, ils se retrouvaient sur la pente inévitable de leur idolâtrie; il suffisait qu'il restât un seul fil de ce tissu dont toute leur vie était faite, pour que la toile fatale se rétablît tout entière. Il fallait frapper un grand coup sur les imaginations fascinées. L'Évangile, si clément pour les douleurs, fut sans pitié pour les inventions de la sensualité : il n'épargna point les raffinements des passions cultivées; il condamna sans merci les délicatesses de Rome et de la Grèce; il vit la main du démon dans ces brillants ouvrages dont la volupté avait formé la chaine et la trame; il jeta avec indignation dans les flammes toutes ces élégances impies, toutes ces impuretés sacrilèges : il les précipita pour jamais dans le fond de l'abîme, disant avec l'ange de l'Apocalypse : C'est fait! Il n'y avait qu'une telle épouvante qui pût arracher les âmes aux charmes de ces objets fascinateurs, et permettre aux yeux dessillés de découvrir enfin, dans la nature, une nouvelle terre et de nouveaux cieux. Mais le monde grec et romain, dans sa corruption polie, n'était pas tout l'univers. L'empire des Césars, si vaste pour notre faible vue, n'était qu'un point sur la terre. Or, le Christ, mort pour tous les hommes, avait confondu toutes les nations dans l'héritage de son sang. Cet héritage était une conquête, et les disciples avaient à le recueillir en suivant la voie tracée par le maître, c'est-à-dire en allant sur ses pas chercher toutes les brebis perdues de l'immense troupeau des misères humaines. Les voilà donc partis, la houlette à la main, à la poursuite de tous les barbares, dispersés sous tous les climats, errant dans tous les déserts, interrogeant les lueurs de tous les incendies, fouillant toutes les forêts et tous les repaires de brigandage, pour ramasser ces peuples au milieu des carnages, plus semblables aux lions qu'aux hommes, et les plonger sanglants dans les eaux baptismales de la charité!

C'était là le miracle de l'Évangile : élever, au plus noble type de la nature morale, des hommes qui n'avaient de l'image de Dieu que l'ébauche la plus grossière. On ne saurait trop reconnaitre la divinité de ce bienfait. Cependant, ce n'était pas tout pour la vie politique des sociétés sur la terre. Il ne faut pas oublier que le monde chercherait en vain la paix dans l'unité des doctrines où il n'a jamais pu atteindre. Nous avons tous à vivre au milieu du conflit des opinions. Membres militants d'une société condamnée à la loi du travail pour l'esprit comme pour le corps, il faut deux ressorts à notre caractère : la conviction et la liberté. La conviction est le respect de la vérité que nous croyons posséder par l'effet d'une lumière intérieure. La liberté est le respect du droit qu'ont les esprits de motiver toutes leurs croyances. Nous devons un honneur égal à la vérité, et aux âmes où elle fait sa demeure. Respecter la vérité sans respecter les âmes où elle est vivante, c'est respecter une chose morte. La religion nous enseigne à honorer et à faire honorer notre foi ; la philosophie nous apprend le respect de la foi qui n'est pas la nôtre. Le premier de ces deux sentiments pourrait suffire à notre dignité personnelle ; mais la dignité de la société où se forment plusieurs croyances, réclame rigoureusement le second, qui n'est que le premier élevé à la dignité d'un principe. L'Évangile contient la liberté dans ses doctrines ; la philosophie, l'y trouvant, la developpe avec bonheur. Si le Koran est à jamais condamné à rester la religion des barbares pour avoir ouvert le ciel avec l'épée, l'Évangile conservera éternellement le respect des peuples libres, pour leur avoir dit : « Que votre obéissance soit raisonnable. » Il y a dans l'esprit humain une disposition funeste à oublier cette grande parole, et il faudra toujours que la philosophie la lui rappelle. C'est pour cela que les hommes vraiment religieux verront toujours dans la philosophie un utile auxiliaire. La religion et la philosophie font chacune une œuvre nécessaire. Les peuples que la philosophie n'a point éclairés sont fatalement intolérants. Ceux qui détourneraient un instant les yeux de son rayon perdraient le respect dû à la foi d'autrui.

Telle a été la disposition des esprits au moyen âge. La philosophie, dans ces temps troublés, ne portait dans ses mains, pour tout flambeau, qu'une lampe incertaine, dont la lueur ne permettait point de distinguer les objets. La confusion dans les idées est la grande cause des agitations de cet âge : tous les germes de la vie s'agitaient pêle-mêle dans les esprits : avant que l'harmonie en sortît, des chocs violents étaient inévitables. On pourrait en citer de nombreux exemples, qui se rapporteraient pour la plupart à l'absence de conception nette sur le principe du droit. On n'avait point de règle pacifique pour apprécier au juste les deux applications de ce principe dont dépend, avant tout, l'ordre public; à savoir : le droit de la vérité et le droit de l'autorité. Cette lacune regrettable a troublé du même coup les rapports entre les consciences religieuses d'une part, et d'une autre part entre l'Église et l'État. On disait d'abord : la vérité seule a des droits; l'erreur n'en saurait avoir. Chacun regardant ses croyances comme la vérité, n'admettait de droit que pour lui-même. On n'oubliait qu'une chose dans l'argumentation, c'est que la vérité n'est un droit que quand elle est une conviction. Or, la vérité n'est une conviction que quand elle est entrée dans l'esprit conformément aux lois de l'intelligence, c'est-à-dire quand elle est devenue l'objet d'une obéissance raisonnable Le droit de la vérité n'est donc que le droit qu'a tout homme de la penser librement : le droit des doctrines, c'est le droit des consciences. Mais comme le travail des convictions s'accomplit dans des âmes inégalement éclairées, inégalement avancées, il ne se fait jamais, au milieu des sociétés, sans bien des tâtonnements, des erreurs même, qui ne peuvent, en bonne justice, être supposées volontaires. De là le principe de la tolérance, lequel ne se tire pas du respect de l'erreur, comme on le dit quelquefois, mais bien du respect qui est dû aux lois mêmes de la vérité.

La cause qui empêchait de reconnaître le droit exact de la vérité empêchait aussi de reconnaître le vrai droit de l'autorité. L'Église, défendant le droit au point de vue de ses dogmes, pouvait bien, dans les temps barbares, combattre noblement contre la convoitise et la violence des princes, et sauver les intérêts de la conscience chrétienne; mais ce n'était point à elle à distinguer le droit naturel du droit ecclésiastique, et à fonder l'état sur des bases purement rationnelles, indépendantes de son autorité sacrée.

Quand on ne remonte pas aux premiers principes de la nature morale, il n'y a que guerre et que confusion parmi les hommes. Les idées universelles seules permettent aux esprits de vivre en paix. Le moyen âge s'est débattu dans un duel à outrance, parce qu'il était enfermé dans des idées particulières, qui sont exclusives nécessairement. Les partis, cantonnés dans leurs doctrines respectives, ne pouvaient s'élever jusqu'à l'essence universelle du droit. Le droit particulier n'est pas le droit : c'est un privilége, une prétention, une arme pour les persécutés, un instrument d'oppression pour les puissants, mais jamais un frein pour la force ou un appui pour la faiblesse. Tour à tour invoqué et répudié par les mêmes partis, selon les vicissitudes de la lutte, on le voyait errant par toute la terre, proscrit par tous les vainqueurs, trouvant à peine l'hospitalité dans le cœur de quelques hommes généreux, qui aimaient à l'égal de la vérité le droit de l'acquérir d'une manière digne d'elle. Ce n'est qu'au seizième siècle que la liberté de conscience apparaît avec L'Hopital et quelques rares esprits, comme un arc-en-ciel dans un nuage sanglant, annonçant aux yeux consolés la sérénité prochaine.

La philosophie, soutenue par les mœurs chrétiennes, a fondé les sociétés modernes sur les principes de la raison communs à tous les hommes; elle a proclamé l'indépendance des consciences à l'égard de la politique et de tous les établissements ecclésiastiques particuliers; elle a donné à l'État les fortes et larges bases du droit naturel, capables de commander le respect des peuples libres. Comme représentant des peuples et gardien de l'ordre public, le pouvoir civil, même dans la sphère des intérêts de la vie présente, remplit, lui aussi, un rôle vraiment moral, vraiment spirituel, et son autorité, qui ne relève plus que de la raison générale, est juridiquement constituée. Rendu à son indépendance vis-à-vis de l'Église, il reçoit d'elle un appui qui ne l'engage qu'à être juste envers tout le monde. La religion est d'autant plus respectée, que la liberté qui l'honore est un principe et non un privilége. L'État sert les intérêts spirituels bien plus quand il s'abstient que quand il prescrit. Imitateur de la Providence, qui livre la vérité à la libre appréciation des esprits et à l'initiative des volontés, il n'impose ni la religion, ni la vertu. Il ne prétend pas forcer l'enceinte sacrée où les âmes font leur œuvre sous leur responsabilité personnelle; mais il met sa force à s'arrêter respectueusement au seuil, et il ne lève l'épée que pour frapper ceux-là qui voudraient frapper les autres.

CONCLUSION.

La liberté des consciences est la conquête de notre âge et le bienfait de la philosophie. Dans la science du droit naturel, la première place lui appartient, et c'est pour cela que son rang était marqué dans ce discours. La pensée de l'homme est une chose si grande, qu'il ne faut pas s'étonner du temps qu'elle a mis à faire son œuvre. Des siècles suffisent à peine à préparer et à mûrir cette noble semence de l'âme immortelle. Les attentes de l'histoire paraissent longues à nos cœurs pressés de jouir. Si la possession de la vérité n'était que dans son triomphe, notre impatience serait légitime; mais si ses mérites nous sont donnés dans les sacrifices qu'elle nous coûte bien plus que dans la joie de son avènement, nous ne devons pas tant nous contrister des lenteurs du bien, des résistances des passions et des obstacles de tout genre que les hommes apportent dans les voies de Dieu. Qu'ils se consolent ces hommes à la foi brûlante qui ne peuvent voir sans se dessécher le séjour que l'erreur fait sur la terre : ne voient-ils donc pas que Dieu nous a fait pour la vie présente un cœur de désir, et que c'est dans nos soupirs qu'il place le triomphe de la vérité. Celui qui a fait l'angoisse a fait aussi la délivrance : lui qui prête l'oreille aux petits de l'aigle dans leur nid, qui entend leurs entrailles quand elles lui demandent leur nourriture, et qui se penche sur l'abîme pour accourir à leurs besoins, peut-il être sourd aux cris de nos âmes affamées? C'est l'éternelle joie des contemplations de Dieu dans les cieux, que le spectacle des hommes de bien qui s'attendent à sa visite. Qu'est-ce qu'un jour et qu'est-ce qu'un siècle, pour qui regarde à ce grand objet, et pour qui voit dans l'avenir le règne de la vérité!

C'est aux mains de la liberté morale, comme à celles de la religion, que Dieu confie l'apostolat qui annonce ce règne immortel et le courage qui le défend. Aux croisades du moyen âge a succédé une croisade nouvelle, plus grande que les premières, et qui ne vise à rien moins qu'à la conquête du monde. Son but est d'écrire le nom de Dieu dans les codes de tous les peuples par la main de la liberté. Un moine obscur du quatorzième siècle, Marsile de Padoue, a jeté au milieu de l'intolérance générale le premier cri de cette guerre sainte, où l'on ne combat qu'avec la pensée, la plume et la parole. Durant des siècles, la voix du nouveau Pierre Lhermite est restée sans écho; mais voilà que d'en haut un esprit jusqu'alors inconnu commence à souffler, et ses accents arrivent à des âmes généreuses qui lui répondent; les nations commencent à s'émouvoir; l'ébranlement se communique d'un peuple à l'autre, et le monde entier s'apprête à s'enrôler sous sa bannière. Il est parti, le cœur plein de foi, vers un idéal de paix et de sérénité, où il célèbrera un sabbat à l'Éternel, et où tous les peuples rompront ensemble le pain de la vérité, qu'ils se partagent en se serrant fraternellement la main. Marche, marche, ô liberté! où te porte le souffle de Dieu et le respect des convictions sincères; fais marcher devant toi l'honneur des consciences et le droit qui nous couvre tous de son pouvoir pacificateur; sois dans nos sociétés divisées l'unité qui nous rassemble, dans toutes nos vicissitudes la force qui nous relève, et ne laisse jamais se perdre dans la stérile anarchie et dans les sentiments timides le prix de nos destinées immortelles; affermis nos têtes ébranlées contre le vertige des prospérités de la matière, et rappelle à nos yeux éblouis les mâles leçons auxquelles nous avons assisté depuis le dernier entretien de Socrate jusqu'aux enseignements de Descartes et de Leibnitz, depuis l'apparition de la sainteté de Dieu dans les éclairs du Sinaï jusqu'aux effusions de sa charité sur la croix; garde fidèlement l'héritage des grandes doctrines et des grands peuples dans tout le respect de nos aïeux et dans l'intégrité de nos espérances; que tes sentiers soient toujours ceux de la dignité, de la modération, de la clémence et du sacrifice, et ne t'écarte jamais dans ta course de l'austère devoir!

www.ingramcontent.com/pod-product-compliance
Ingram Content Group UK Ltd.
Pitfield, Milton Keynes, MK11 3LW, UK
UKHW020226180726
13838UKWH00005B/2212

9 782329 364797